Dieses Buch gehört:

Sei lieb zu diesem Buch!

5 4 3 2 1
ISBN 3-8157-3031-7

Printed in Italy
www.coppenrath.de

Ein Freund für Louisa

Eine Geschichte von Eve Povel
Mit Bildern von Susanne Krauss

COPPENRATH VERLAG

„Du darfst nicht traurig sein, Louisa“, zärtlich nimmt Marie ihre Babypuppe in den Arm. Louisa war ihr lang ersehntes und allerschönstes Geburtstagsgeschenk und seitdem hatten sich Marie und Louisa noch nie getrennt.
Aber jetzt gingen die Kindergartenferien zu Ende und bei dem Gedanken, ihre Puppe allein zu lassen, wurde Marie ganz schwer ums Herz. „Sei nicht traurig, mittags bin ich doch wieder da und kann dir viel erzählen.“
Betrübt schließt Louisa die Augen.
„Bist du etwa schon eingeschlafen, mein Schatz?“ Erstaunt gibt Marie ihrer Louisa einen Gutenachtkuss. „Hast du nicht gerade noch geblinzelt?“ Marie beugt sich tiefer über die Wiege.
„Nein, ich muss mich geirrt haben“, denkt Marie und deckt ihr Püppchen liebevoll zu. Dann schlüpft sie ins Bett.

Als Mama kommt und Marie einen Gutenachtkuss gibt, ist sie schon fast eingeschlafen. „Ich freue mich so sehr auf den Kindergarten“, murmelt sie noch. Neben ihr liegt Louisa in ihrer Wiege noch lange wach: Wie wird es sein ohne Marie? Ein bisschen graust es Louisa schon jetzt vor den Stunden in Maries Zimmer – so ganz allein. „Aber ich werde tapfer sein. Ein Morgen geht schnell vorbei und mittags kommt Marie ja zurück.“ Bei diesem Gedanken muss sie sogar ein bisschen lächeln. Dann ist auch sie eingeschlafen.

Der nächste Tag beginnt anders als sonst. Marie gibt Louisa in aller Frühe ihr Fläschchen und wickelt sie. Sie zieht ihr das hübsche Kleidchen an und setzt sie in den Puppenwagen: „Hier ist dein Bärchen zum Spielen, mein Liebling. Sei schön brav, ich bin bald wieder bei dir“, sagt Marie liebevoll. Ein letztes Küsschen und schon saust sie davon.

Louisa hört wie Marie und ihr Bruder Michel aufgeregt über Schule und Kindergarten sprechen. Dann hört sie eine tiefe Stimme: „Was ist los mit euch, Kinder, wollt ihr gleich am ersten Tag zu spät kommen?“
„Nein, Papa! Nein!“, rufen Marie und Michel gleichzeitig. Laut schlagen die Autotüren zu. Dann ist es still. Louisa drückt ihr Bärchen fest an sich. „Marie ist bald zurück“, murmelt sie.

Und tatsächlich – Louisa muss ein wenig geschlafen haben – hört sie schon bald Maries fröhliche Stimme: „Kann Louisa gemeinsam mit uns am Tisch essen, Mama?“
Gleich darauf wirbelt Marie ins Kinderzimmer. Ungestüm nimmt sie ihre Babypuppe in den Arm: „Hast du mich vermisst, mein Schatz? Ich muss dir einiges erzählen.“ Und wirklich, Marie hat so viel zu berichten, dass Louisa vor Staunen ihr Fläschchen nicht leer trinken kann.
„Alle Freundinnen habe ich wieder getroffen und stellt euch vor, ein Junge ist neu in unsere Gruppe gekommen. Er heißt Noah und er ist schwarz.“

„Hat er sich etwa nicht gewaschen?“, grinst Michel und erhält einen warnenden Blick von Mama. „Seine Haut ist schwarz, du Blöder“, zischt Marie empört.

„Wollt ihr weiterstreiten oder mögt ihr lieber Vanillepudding mit Himbeersoße?“, fragt Mama. „Vanillepudding mit Himbeersoße“, kommt es wie aus einem Mund.

Langsam gewöhnt sich Louisa daran, dass Marie morgens nicht mehr bei ihr ist, und sie freut sich jeden Tag auf das, was Marie vom Kindergarten erzählt. Nur die Geschichten von Noah findet sie ein bisschen traurig.
Wenn Marie von Noah erzählt, muss sie immer an ihre Zeit im Spielzeugladen zurückdenken. Wie sehr hat sie sich damals jemand gewünscht, der sie lieb hat.
„Er spricht nicht so wie wir und darüber müssen wir lachen", sagt Marie. „Stellt euch vor, Noah behauptet, er könne schon schwimmen. Dabei ist er erst fünf Jahre alt. Alle haben ihn ausgelacht und keiner hat ihm geglaubt."
„Ich konnte auch früh schwimmen, eher als du", stichelt Michel.
„Das interessiert doch keinen, du Angeber", ärgert Marie zurück und streckt ihm hinter Mamas Rücken die Zunge heraus.

Täglich gibt es neue Geschichten, doch eine Neuigkeit ist so überraschend, dass Louisas Herz vor Freude hüpft: Maries Kindergartengruppe wird einen Ausflug machen. Alle Kinder dürfen dabei ihr Lieblingsspielzeug mitnehmen. Klar, dass Louisa mitkommen wird. Einige Mütter werden die Kinder begleiten, auch Maries Mama ist dabei.
Marie ist schon ganz aufgeregt: „Du wirst dein schönes Kleidchen anziehen, Louisa, und den Sonnenhut dürfen wir nicht vergessen.“ Louisa strahlt. Endlich trifft sie all die Kinder, von denen sie so viel gehört hat. Sie wird Noah kennen lernen und, und, und...
„Wir werden mit dem Schiff über den See zum Zoo fahren“, berichtet Marie und Louisa wird immer neugieriger.
Beide können den Tag kaum erwarten.

Dann ist es endlich so weit. Papa setzt Mama, Marie und Louisa am Steg ab. Louisa staunt über den großen See, der in der Sonne glitzert, über das wunderschöne Schiff und über die vielen Kinder mit ihren Plüschtieren, Puppen und anderen Spielsachen. Sie weiß gar nicht, wohin sie zuerst schauen soll.
Als Marie ihr den Sonnenhut zurechtzupft und sie ihren Freundinnen vorstellt, hört sie: „Oh, ist die hübsch, wie niedlich!“ Verschämt schlägt Louisa ihre Augen nieder. Marie strahlt.

Dann geht es aufs Schiff. Es wird eine wunderbare Fahrt. Die Kinder sitzen am Fenster oder stehen an der Reling, bis das Schiff am Zoo anlegt. Dort haben alle einen wunderschönen Tag. Marie trägt Louisa in der Puppentrage umher und kann ihr viel zu all den Tieren erzählen. Louisa staunt und staunt. Am Löwenkäfig hört sie Noah sagen: „Bei uns gibt es viele Löwen, aber nicht im Käfig.“ Als ihm keiner zuhört, läuft er traurig zu seiner Mutter. Die nimmt ihn in den Arm und streichelt zärtlich über seinen Kopf.

Am späten Nachmittag wird es ein bisschen windig. Die Sonne steht schon tief am Himmel, als die Kinder am See auf das Schiff warten. Alle sind glücklich und ein bisschen müde. Marie steht auf dem Bootssteg und hält Louisa im Arm. „Das war ein wunderschöner Ausflug, mein Liebling“, flüstert sie ihrem Püppchen ins Ohr. „Jetzt bekommst du dein Fläschchen und dann kannst du gleich auf dem Schiff ein wenig schlummern.“ Sie beugt sich zu ihrer Wickeltasche hinunter. In diesem Moment stolpert sie ein wenig. Dabei rutscht Louisa aus ihrem Arm. Sie fällt ins Wasser und eine kleine Welle trägt sie sofort vom Ufer weg. „Louisa, Louisa!“ Maries ängstlicher Schrei alarmiert die Umstehenden. Alle blicken auf das Wasser. Dort treibt Louisa. Marie kann die Tränen nicht zurückhalten. „Louisa“, schluchzt sie, „Louisa.“

Plötzlich hört Marie ein lautes Platschen. Wasser spritzt hoch und kurz darauf taucht ein kleiner dunkler Krauskopf neben der Babypuppe auf. Am Ufer halten alle den Atem an, als Noah nach Louisa greift und mit ihr zum Steg zurückschwimmt. Dort strecken sich ihm viele Arme entgegen.
Doch als Noah aus dem Wasser gezogen wird, bleibt Louisas Bein am Steg hängen. Wieder wagt niemand zu atmen. Was wird passieren? Fällt Louisa wieder ins Wasser? Marie klammert sich an Mama. „Louisa", flüstert sie, „Louisa." Sie wagt kaum hinzusehen, weil Noah nun an Louisa zerrt und zieht. Bitte, bitte fall nicht wieder ins Wasser, denkt Marie und zittert ein wenig. Beruhigend legt Mama ihre Arme um sie.

Plötzlich ein Ruck und Noah kann Louisas Bein befreien und die Puppe in Maries ausgebreitete Arme werfen. „Meine liebste Louisa“, murmelt Marie, „meine allerliebste Louisa.“

Louisa ist fürchterlich nass. Sie ist ganz blass, ihre Augen sind geschlossen und ihr Kleidchen zerrissen. Und nun sieht Marie, dass sie verletzt ist. „Meine arme Louisa“, flüstert sie zärtlich und trägt ihre Babypuppe vorsichtig zu Mama. „Sie hat sich verletzt, Mama.“ Schon wieder muss Marie weinen.
„Louisa ist wieder bei dir, mein Engel, das ist die Hauptsache.“ Mama nimmt Marie und ihre Puppe in den Arm. „Wir werden sie zum Puppendoktor in die Puppenklinik bringen, der kann ihr sicher helfen. Sei nicht mehr traurig, mein Schatz. Jetzt solltest du erst einmal dem mutigen Retter danken.“

Da muss sich Marie ein bisschen schämen, weil sie nicht sofort daran gedacht hat. Doch wo ist Noah? Er schmiegt sich, in eine dicke Decke gerollt, an seine Mutter. „Danke“, flüstert Marie, „danke! Wie gut, dass du so prima schwimmen kannst!“ Verlegen gibt Marie ihm einen Kuss. Sie wird ein bisschen rot dabei. Und Noah? Bei ihm kann man das nicht so genau erkennen. Aber seine Augen schimmern verdächtig.

Pünktlich steht Papa am Schiff. Als er Louisas Verletzung sieht, fährt er mit ihnen sofort zur Puppenklinik. Dort untersucht sie ein netter Arzt und erklärt Marie, dass Louisas Bein Gott sei Dank nicht gebrochen ist. Allerdings muss die Wunde genäht werden. Es wird einige Tage dauern, bis Louisa wieder gesund ist. Schweren Herzens verabschiedet sich Marie von ihrer Puppe.

Marie ist untröstlich. Abends ist sie so still, dass selbst Michel keine dummen Bemerkungen macht, sondern ihr seinen Lieblingsnachtisch wortlos herüberschiebt. Doch Marie mag nichts essen. Sie mag auch nicht mit Michel und Papa Mau-Mau spielen.
Gerade will sie traurig in ihr Bett gehen, als es klingelt.
Kurz darauf hört sie Papa rufen: „Marie, hier liegt ein Päckchen für dich.“
Ich will kein Päckchen, ich will Louisa wiederhaben, denkt Marie. Doch dann läuft sie neugierig zur Haustür. Tatsächlich!
Da ist ein kleines Päckchen für sie, mit einer bunten Karte.
„Für Marie“, steht auf einer Seite und „Damit Marie und Louisa nicht mehr traurig sind, **NOAH**“ auf der anderen.

Aufgeregt öffnet Marie das Päckchen und dann kann sie es einfach nicht glauben! Vorsichtig nimmt sie eine kleine schwarze Babypuppe heraus. „Seht nur“, jubelt sie, „ein kleiner Junge. Oh, ist der süß!“ Zärtlich drückt Marie das Püppchen an sich. „Du darfst heute in Louisas Wiege schlafen, dann bin ich nicht mehr so traurig“, flüstert sie. „Mama, können wir das Babypüppchen morgen in die Puppenklinik bringen, damit Louisa dort nicht mehr so allein ist?“, fragt Marie und ihre Augen schimmern schon wieder ein bisschen feucht. „Das ist eine wunderbare Idee, mein Liebling. Wenn Louisa Gesellschaft bekommt, wird sie wieder fröhlich und wer fröhlich ist, wird schnell wieder gesund.“ „Ist das wahr, Mama?“, will Marie wissen. Als Mama nickt, ist Maries Kummer fast verflogen. „Und morgen, morgen wird auch Louisa nicht mehr traurig sein, dann kommt sie sicher bald wieder zu mir nach Hause.“